El ciclo de vida del ser humano

T0136578

TIME
FOR KIDS

Jennifer Prior

Asesores

Timothy Rasinski, Ph.D.
Kent State University

Lisa A. Leewood, C.S.T.

Erin P. Wayne, M.D.

Créditos

Dona Herweck Rice, *Gerente de redacción*

Robin Erickson, *Directora de diseño y producción*

Lee Aucoin, *Directora creativa*

Conni Medina, M.A.Ed., *Directora editorial*

Stephanie Reid, *Editora de fotos*

Rachelle Cracchiolo, M.S.Ed., *Editora comercial*

Créditos de las imágenes

Cover leungchopan/Shutterstock; Mike Tan C.T./Shutterstock; wong sze yuen/Shutterstock; p.3 Pete Pahham/Shutterstock; p.4 Petrenko Andriy/Shutterstock; p.5 top: N Photo/Shutterstock; p.5 left: Dr. Morley Read/Shutterstock; p.5 right: DJTaylor/Shutterstock; p.5 middle: Matej Ziak/Shutterstock; p.5 bottom: ex0rzist/Shutterstock; p.6 left to right: Gelpi/Shutterstock; Harm Kruyshaar/Shutterstock; michaeljung/Shutterstock; p.7 left to right: EDHAR/Shutterstock; Rob Marmion/Shutterstock; p.8 Ruta Saulyte-Laurinaviciene/Shutterstock; p.9 OJO Images/Photolibrary/Getty Images; p.10 Aliaksei Lasevich/Shutterstock; p.11 top to bottom: Punchstock; Lichtmeister/Shutterstock; p.12 JLBarranco/iStockphoto; p.13 bo1982/iStockphoto; p.14 StockLite/Shutterstock; p.15 Jenkedco/Shutterstock; p.16 BananaStock/Alamy; p.17 Stephanie Reid; p.18 Pete Pahham/Shutterstock; p.19 top to bottom: michaeljung/Shutterstock; Calvin Chan/Shutterstock; p.20 Anelina/Shutterstock; p.21 Rossario/Shutterstock; p.22-23 oliveromg/Shutterstock; p.24 Alamy; p.25 Monkey Business Images/Shutterstock; p.26 Eyewire/Punchstock; p.27 Brand X Pictures/Punchstock; p.28 Monkey Business Images/Shutterstock; p.29 top to bottom: Monkey Business Images/Shutterstock; ClickPop/Shutterstock; p.32 Beata Becla/Shutterstock; back cover Harm Kruyshaar/Shutterstock

Basado en los escritos de *TIME For Kids*.

TIME For Kids y el logotipo de *TIME For Kids* son marcas registradas de TIME Inc. Usado bajo licencia.

Teacher Created Materials

5301 Oceanus Drive
Huntington Beach, CA 92649-1030
http://www.tcmpub.com

ISBN 978-1-4333-4487-9

© 2012 Teacher Created Materials, Inc.

Tabla de contenido

El ciclo de vida y el cambio 4

Primera infancia 9

Niñez 16

Adolescencia 22

Edad adulta 24

Vejez 26

El tiempo sigue su marcha 28

Glosario 30

Índice 31

Acerca de la autora 32

El ciclo de vida y el cambio

Muchos de nosotros conocemos los **ciclos de vida** de las mariposas y las ranas. Comienzan como huevos y luego se transforman y crecen a lo largo de sus vidas. Sin embargo, ¿alguna vez te has puesto a pensar en el ciclo de vida del ser humano?

Los bebés recién nacidos apenas comienzan su ciclo de vida.

rana adulta

El ciclo de vida
de una rana

rana joven

huevos

renacuajo

un chinche adulto
con las crías y los
huevos

Las personas cambian y crecen desde que nacen hasta que mueren. También aprenden durante todo este tiempo. La gente desarrolla maravillosas **habilidades** al crecer.

Una persona pasa de la primera infancia a la niñez, la adolescencia, la edad adulta y por último, a la vejez.

Piensa en todas las cosas que puedes hacer ahora. ¿Podías hacerlas hace unos años?

Los bebés por lo general aprenden del mundo que los rodea metiéndose objetos en la boca.

¿De qué tamaño?

Los bebés son pequeños, pero no todos pesan lo mismo al nacer. Un bebé recién nacido por lo general pesa entre cinco y once libras. Sin embargo, han sobrevivido bebés que tan sólo pesaban una libra al nacer. El bebé más grande que ha nacido, según el *Libro Guinness de récords mundiales*, pesaba veinticuatro libras. Esto equivale a tres o cuatro bebés normales.

Primera infancia

Todos comenzamos como **bebés**. Esta etapa se conoce como **primera infancia** y es un corto período de rápidos cambios y crecimiento acelerado.

Los cuatro primeros meses

Cuando nacen, los bebés son **indefensos**. Son muy pequeños y necesitan dormir varias horas cada día. Después de un tiempo, aprenden a mantener la cabeza erguida y a darse vuelta.

Los bebés pequeños no tienen buena vista, pero sus sentidos del olfato, oído y gusto son muy buenos. ¿Qué hacen los bebés cuando toman un juguete? Se lo meten en la boca. Esta es la mejor manera que tienen para explorar su mundo.

A medida que se desarrolla el sentido de la vista, los bebés pequeños comienzan a identificar rostros. Pueden notar las diferencias entre colores y patrones. Comienzan a imitar las **expresiones** de las personas. Reconocen el tono de voz de los **cuidadores** y se comunican principalmente a través del llanto.

Vista

Los bebés pequeños pueden ver mejor los objetos que están a una distancia de seis a doce pulgadas.

De los cuatro a los ocho meses

Entre los cuatro y los ocho meses de edad aparecen los primeros dientes. Los bebés aprenden a sentarse y a gatear. Ríen cuando juegan con otros y establecen contacto visual con sus compañeros de juego. Usan movimientos de las manos y sonidos para comunicarse.

A esta edad, los bebés están muy apegados a su madre o cuidador **principal**. Por lo general, le tienen miedo a los desconocidos.

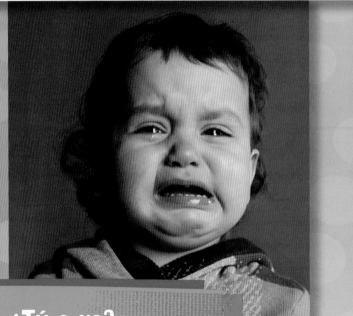

¿Tú o yo?

Cuando los bebés son muy pequeños, no comprenden que las demás personas son seres distintos de ellos. Creen que todo forma parte de ellos. En algún momento de la primera infancia, comienzan a comprender que mamá y papá y todos los demás son personas aparte. Por esta razón, en ocasiones se asustan cuando sus padres no están. No les gusta la idea de estar separados de ellos.

Los bebés necesitan padres que los cuiden. Sin ellos, no podrían sobrevivir en el mundo.

De los ocho a los doce meses

Los bebés aprenden a ponerse de pie entre los ocho y los doce meses de edad. Algunos incluso comienzan a caminar, pero casi todos los bebés de esta edad aún gatean. Pueden comer la mayoría de los alimentos y beber de un vaso.

A esta edad, los bebés pueden nombrar muchas personas, animales, juguetes y partes del cuerpo. Incluso pueden hacer sonidos de animales. Comienzan a tomar turnos al hablar con las personas. A la mayoría de los bebés les gustan los juegos sencillos, como esconder el rostro detrás de las manos y reaparecer repentinamente.

Sentido del humor

Es a esta edad cuando los bebés comienzan a desarrollar un sentido del humor. Para ellos, es muy divertido que alguien se tape el rostro y lo descubra con un movimiento rápido. La repentina aparición de un rostro familiar puede desternillarlos de risa.

Los bebés de esta edad tienen gran movilidad independiente, ya que pueden gatear o caminar.

13

A los niños de esta edad les gusta explorar el mundo por su cuenta.

¿Qué es?

En ocasiones decimos que los niños pequeños están haciendo sus primeros **pininos** o pinitos. Los pininos o pinitos son los primeros pasos que da un niño.

De uno a dos años

Los bebés de esta edad son capaces de desplazarse mucho, caminar y trepar. También son muy **sociales**. Esto quiere decir que les gusta estar con otras personas. Mueven la mano para despedirse y hablan más, con mayor vocabulario. Los bebés de esta edad también pueden obedecer instrucciones sencillas. Reconocen a la gente conocida en fotografías. Comienza a gustarles que les lean en voz alta.

Cuando un niño está por cumplir dos años de edad, es capaz de hacer muchas cosas. Conoce entre 200 y 300 palabras y comienza a hablar con oraciones cortas. También empieza a formar opiniones sobre las cosas. Es muy usual que los niños de esta edad usen mucho las palabras "no" y "mío".

A los niños de esta edad les gusta que les lean cuentos. Por supuesto, a la mayoría de las personas les gustan los cuentos toda la vida.

Niñez

La **niñez** (también llamada infancia) se divide en dos etapas: la edad preescolar y la edad escolar.

Edad preescolar

Los niños están en la etapa preescolar cuando tienen entre dos y cinco años de edad. Comienzan a dibujar y contar. Aprenden a cortar con tijeras y a identificar colores, formas y las letras del abecedario. Aprenden a vestirse solos y a comer por su cuenta con utensilios como tenedores, cuchillos y cucharas.

Imaginación

La imaginación de los niños es muy activa en esta etapa. Es una edad ideal para disfrazarse. A los niños pequeños les encanta imaginar que pueden hacer todo tipo de cosas. Cuando eras pequeño, ¿qué te gustaba imaginar?

Los años preescolares son un período de gran creatividad.

Los niños hablan bastante bien en esta etapa. Les gusta jugar con otros niños durante períodos breves. La mayor parte del tiempo disfrutan de jugar solos, aunque les gusta estar cerca de otros niños. A medida que se acercan a los cinco años de edad, aumenta su capacidad para compartir con sus amigos. Les gusta pensar que son adultos y presumir de sus logros.

Edad escolar

Los niños de edad escolar son capaces de hacer muchas cosas. Además, aprenden cosas nuevas todos los días. Piensa en algo que acabas de aprender a hacer.

Los niños de esta edad por lo general aprenden a leer. También son muy sociales y activos. Les gusta correr, jugar, resolver acertijos y rompecabezas, hacer manualidades y construir cosas. Algunos niños aprenden deportes y a tocar instrumentos musicales.

Las niñas por lo general juegan con niñas y los niños con niños. Con frecuencia organizan grupos o clubes con sus amigos. ¿Así eres tú?

Niños y niñas

Antes de llegar a esta edad, no pensamos mucho en el hecho de que somos niños o niñas. Pero a partir de la edad escolar, la diferencia comienza a ser más importante. Los niños y las niñas comienzan a encontrar cada vez más maneras de disfrutar del hecho de que son niños o niñas.

Los alimentos y tú

No te sorprendas si comes más conforme creces. El cuerpo necesita todos los nutrientes que puede recibir, ya que está creciendo y cambiando con rapidez. Por esta razón, es importante una alimentación sana. Recuerda que debes escoger los alimentos más saludables que puedas, ya que te ayudarán a crecer más, a ser más fuerte y tener más energía.

En la última etapa de la niñez, los amigos son muy importantes. Los niños quieren formar parte de un grupo. Por lo general les gusta ayudar a sus maestros y padres en tareas reales. También disfrutan de ayudar a niños más pequeños. A medida que crecen, comienzan a sentirse como adultos. Piensan que son capaces de cuidarse solos. ¿Alguna vez te has sentido así?

Las niñas usualmente se desarrollan más rápido que los niños en esta etapa. Sin embargo, los niños se emparejan después de un tiempo.

Tu cerebro y tú

¿Has notado que tu manera de pensar cambia a medida que creces? Hay cosas nuevas que comienzan a ser importantes para ti. Comprendes las cosas en forma distinta de cuando eras más joven. Esto sucede porque mientras tu cuerpo crece, las capacidades del cerebro también se desarrollan. El desarrollo mental y los cambios en la manera de pensar son parte del crecimiento. Crecer es pensar más por tu cuenta. ¡Felicitaciones!

Adolescencia

La **adolescencia** es una etapa difícil y emocionante para los niños. Es una etapa en la que ocurren muchos cambios en el cuerpo. Los niños de esta edad pueden sentirse inseguros o incluso anormales. Muchas veces son **temperamentales**. Esto significa que en un momento están contentos y un instante después están enfadados. ¿Conoces adolescentes que actúan así?

La mayoría de los adolescentes son capaces de expresarse como adultos, pero buscan modelos a quienes imitar. Es muy importante que encuentren modelos que valga la pena emular.

Los adolescentes con frecuencia se hacen preguntas. Quieren saber quiénes son y cómo encajan en el mundo.

Decisiones

Uno de los mayores retos de la adolescencia es la toma de decisiones. Como adolescente, tienes mayor libertad que cuando eras niño. Con la libertad, viene la **responsabilidad**. Debes ser responsable de tomar buenas decisiones. Depende de ti elegir amistades buenas y que te apoyen, hacer tu mejor esfuerzo en la escuela, ayudar en casa y ser buen amigo. En ocasiones, cuando las personas tienen mucha libertad, se les olvida que también tienen responsabilidades importantes.

Durante la adolescencia, los adolescentes intentan determinar quiénes son y qué es importante para ellos.

Edad adulta

La **edad adulta** es la etapa en la que el cuerpo de una persona ha completado su desarrollo y su mente tiene la **madurez** suficiente para asumir las responsabilidades adultas y trabajar. Cuando llegas a la edad adulta, las responsabilidades son aún mayores que las que comenzaron a formarse en la adolescencia. Durante la edad adulta, la gente por lo general se casa y tiene hijos. Inician sus carreras profesionales y trabajan duro para mantener a sus familias. La vida familiar y el trabajo suelen ser muy importantes para los adultos. De hecho, los expertos afirman que los adultos sienten la necesidad de cuidar a sus familias, tanto como las familias necesitan sus cuidados. Es un trato excelente para todos, ¿no te parece?

Cuando crezcas

¿Alguna vez te has imaginado cómo será tu vida cuando crezcas? ¿Qué harás entonces? ¿Qué esperas lograr?

Una de las mejores cosas de ser un adulto es amar y cuidar a tu familia.

Vejez

Si una persona tiene suerte, llegará a una edad avanzada. ¿Tienes abuelos o conoces a una persona anciana? Entonces sabes que el cuerpo cambia cuando las personas envejecen. El cabello se torna gris o blanco, se arruga la piel y los movimientos son más lentos.

Con frecuencia, los ancianos pasan el tiempo rememorando sus vidas. Piensan en sus familias y en lo que hicieron para marcar una diferencia. Muchas personas aseguran que, cuando envejecen, sienten mayor agradecimiento por sus familias. Se dan cuenta de que sus familias y las relaciones con otras personas son lo más importante en sus vidas.

¡No pierdas la oportunidad!

Si hay personas ancianas en tu vida, asegúrate de decirles lo importantes que son para ti. Pídeles que te cuenten historias de sus vidas, sobre todo acerca de cuando tenían tu edad. Seguramente tendrán historias interesantes que contarte.

La vejez puede ser una etapa de gran diversión y libertad, si la persona hace lo necesario para mantenerse sana y en buenas condiciones.

Mantenerse sano en la vejez

Algunas personas creen que la vejez es una etapa de enfermedades, pero no tiene que ser así. Si las personas cuidan sus cuerpos durante toda la vida, con buena alimentación, ejercicio, pensamientos positivos y relaciones felices, es probable que disfruten de la vejez con buena salud y mucha energía.

El tiempo sigue su marcha

El ciclo de vida, del nacimiento a la vejez, es un proceso asombroso. Está lleno de cambios en cada etapa. Como niño, te espera un gran futuro; como adulto, tienes los recuerdos de muchas experiencias maravillosas. Sin embargo, una persona crece y cambia durante toda su vida. No importa tu edad: siempre queda más vida hermosa por delante.

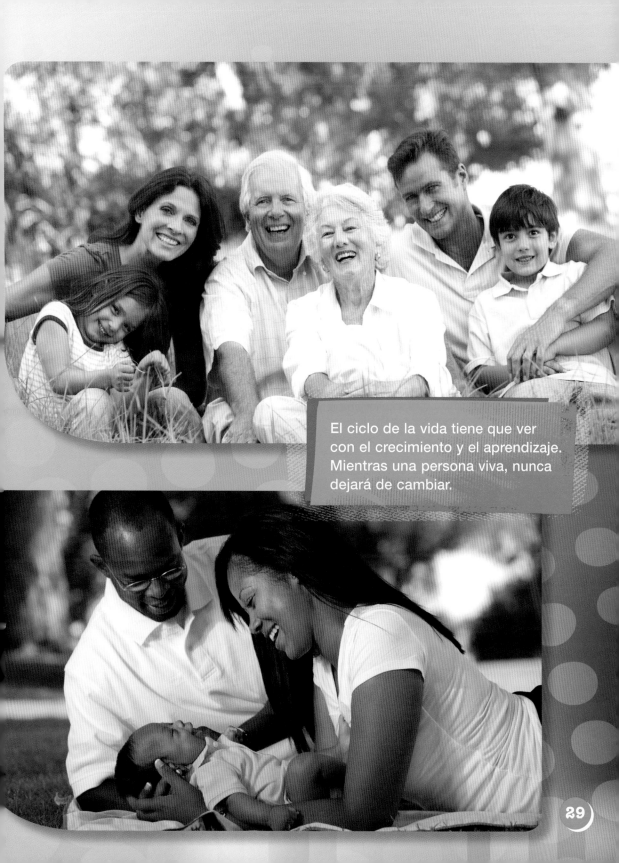

El ciclo de la vida tiene que ver con el crecimiento y el aprendizaje. Mientras una persona viva, nunca dejará de cambiar.

Glosario

adolescencia—el período entre la niñez y la edad adulta, usualmente considerado entre los trece y veinte años de edad

bebé—un niño menor de dos años

ciclo de vida—las etapas de la vida de un ser

cuidador—una persona que cuida a otra

edad adulta—el período de vida de una persona totalmente desarrollada

expresión—movimientos del rostro para mostrar diversos sentimientos, como alegría, tristeza y enojo

habilidad—la capacidad para hacer algo

indefenso—que no puede defenderse por sí mismo

madurez—el nivel adulto

niñez—la etapa en la que una persona es un niño, considerada por lo general entre el nacimiento y los doce años de edad

pininos—los primeros pasos tambaleantes de un niño

primera infancia—la etapa inicial de la vida humana, del nacimiento hasta un año

principal—el número uno o más importante

responsabilidad—un deber u obligación

social—capaz de llevarse bien con los demás

temperamental—emocional, con sentimientos y estados de ánimo diversos y cambiantes

Índice

adolescencia, 6, 22–24

adolescentes, 22–23

años preescolares, 16

bebés, 4, 8–13, 15

cerebro, 21

ciclo de vida, 4–5, 28–29

cuatro a ocho meses, 10–11

cuidadores, 9

edad adulta, 6–7, 24

edad escolar, 16, 18–19

infancia, 6, 9–10, 16

Libro Guinness de récords mundiales, 8

niñez, 6, 16, 21

ocho a doce meses, 12

tamaño, 8

uno a cuatro meses, 9

uno a dos años, 15

vejez, 6–7, 26–28

Acerca de la autora

Jennifer Prior es profesora y escritora. Ha escrito una amplia gama de libros para Teacher Created Materials. Jennifer vive en Flagstaff Arizona, con su esposo y cuatro mascotas.